AF461748

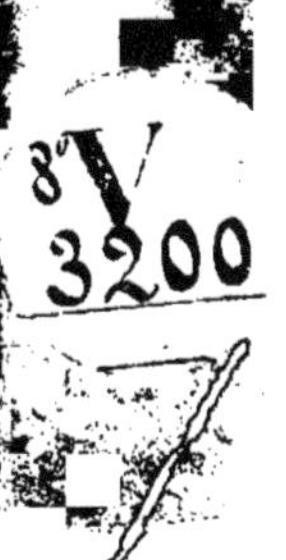

Prix : 3,50

PHOTOGRAPHIE

PAR

ÉMULSION SENSIBLE.

BROMURE D'ARGENT ET GÉLATINE;

PAR

ALFRED CHARDON,
Officier d'Académie.

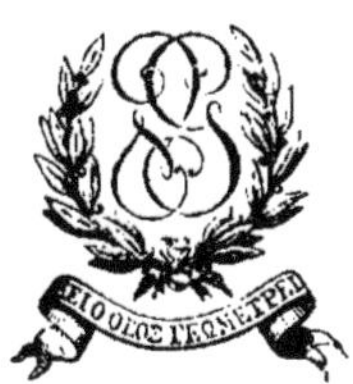

PARIS,
GAUTHIER-VILLARS, IMPRIMEUR-LIBRAIRE
DU BUREAU DES LONGITUDES, DE L'ÉCOLE POLYTECHNIQUE,
SUCCESSEUR DE MALLET-BACHELIER,
Quai des Augustins, 55.

1880

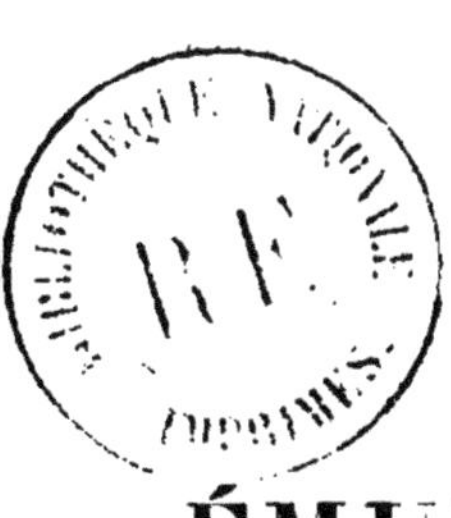

PHOTOGRAPHIE

PAR

ÉMULSION SENSIBLE.

BROMURE D'ARGENT ET GÉLATINE.

PARIS. — IMPRIMERIE DE GAUTHIER-VILLARS,
5541. Quai des Augustins, 55.

PHOTOGRAPHIE

PAR

ÉMULSION SENSIBLE.

BROMURE D'ARGENT ET GÉLATINE;

PAR

ALFRED CHARDON,

Officier d'Académie.

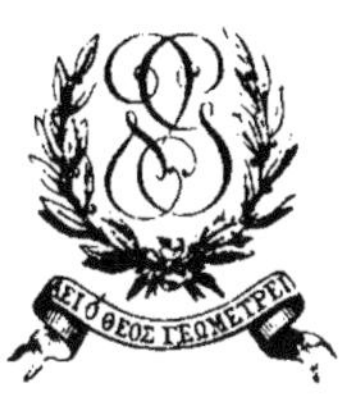

PARIS,

GAUTHIER-VILLARS, IMPRIMEUR-LIBRAIRE

DU BUREAU DES LONGITUDES, DE L'ÉCOLE POLYTECHNIQUE,

SUCCESSEUR DE MALLET-BACHELIER,

Quai des Augustins, 55.

1880

A

MONSIEUR PELIGOT,

MEMBRE DE L'ACADÉMIE DES SCIENCES,
COMMANDEUR DE LA LÉGION D'HONNEUR,
PRÉSIDENT DE LA SOCIÉTÉ FRANÇAISE DE PHOTOGRAPHIE.

TABLE DES MATIÈRES.

Pages.

CONSIDÉRATIONS GÉNÉRALES 1

CHAPITRE I.

DE LA GÉLATINE.

1° Nature de la gélatine 5
2° Du choix de la gélatine 8

CHAPITRE II.

PRÉPARATION DE L'ÉMULSION.

1° Préparation du bromure d'argent 15
2° Formules des émulsions 18
3° Lavage de l'émulsion 25
4° Émulsion sèche 26

CHAPITRE III.

PRODUCTION DU CLICHÉ.

1° Nettoyage des glaces 29
2° Préparation des glaces 30
3° Séchage des glaces 31
4° Émulsion sur papier 35
5° De la pose 38
6° Révélateurs 41
Révélateurs aux sels ferreux 41
Révélateurs à l'ammoniaque 43
Révélateurs au carbonate d'ammoniaque 44
Révélateurs aux carbonates de soude et de potasse 45

Pages.
7° Développement.. 46
8° Fixage.. 50
9° Transport des clichés.. 51

CHAPITRE IV.

DES INSUCCÈS.

1° Colorations anomales et voiles.. 53
2° Dilatation des couches impressionnées.. 55
3° Clichés trop développés.. 57

PHOTOGRAPHIE

PAR

ÉMULSION SENSIBLE.

BROMURE D'ARGENT ET GÉLATINE.

CONSIDÉRATIONS GÉNÉRALES.

Les formules qui ont été publiées tant en France qu'à l'étranger, sur l'émulsion du bromure d'argent par la gélatine, sont nombreuses. En les examinant attentivement, nous trouvons que la plupart ont pour point de départ les principes et la méthode que nous avons publiés sur l'émulsion au collodion. Aux bromures acides indiqués dans nos formules, on a substitué des bromures neutres ou alcalins. D'autre part, la gélatine, par sa nature, permet de maintenir en suspension une plus grande quantité de bromure d'argent sans craindre une agglomération nuisible du sel sensible. C'est à cette propriété de la gélatine qu'on doit une partie de la grande sensibilité des couches impressionnables. Malgré cela, nous pouvons dire qu'il n'y a que le milieu dans lequel se produisent les réactions qui soit changé. La gélatine est substituée au collodion.

Nous nous trouvons donc en présence de deux procédés également bons, mais présentant entre eux quelques différences dans la pratique.

L'emploi de la gélatine permet des poses plus courtes qu'avec le collodion; l'image est très fine et rappelle sensiblement celle que donne l'albumine. Cette qualité est précieuse pour les études micrographiques et pour les clichés destinés aux agrandissements.

Il semble donc, tout d'abord, qu'avec ces deux points importants, rapidité et finesse, le procédé à la gélatine soit appelé à remplacer le procédé humide et les émulsions au collodion. Il y a un engouement qui s'attache toujours à tout procédé nouveau, surtout quand il se trouve justifié par d'importants avantages. Cependant, en approfondissant cette question, on se pénétrera de l'idée qu'en Photographie, plus que partout ailleurs, l'exclusivisme doit être rejeté par tout opérateur intelligent. Malheureusement, il faut compter pour longtemps encore avec la routine. La grande pratique que l'on a, pour les portraits, du procédé au collodion humide le fera encore préférer pendant longtemps à tout autre.

L'émulsion à la gélatine donne, il est vrai, plus de rapidité dans la pose, mais les images qu'elle fournit sont souvent sèches, le modelé manque de cette douceur et de cette harmonie qui font le charme de nos bonnes photographies.

Peut-être, et nous l'espérons, quelques opérateurs habiles parviendront-ils à amoindrir ces défauts; l'avenir nous le dira.

Ce qui, dans les procédés secs, doit nous préoccuper davantage, c'est l'emploi qu'on en fait en voyage, et surtout dans les travaux si intéressants des missions scientifiques.

Avec l'usage de la gélatine deux difficultés se présentent : premièrement, la préparation des glaces. Bien qu'il n'y ait aucune difficulté pour des mains exercées à étendre la gélatine bromurée sur des glaces de moyenne dimension, il n'en est pas de même quand il s'agit de grandes surfaces. On peut obtenir des couches régulières, dans le laboratoire, à l'aide de dispositions spéciales qui nécessitent un matériel qu'on ne peut emporter en voyage. Cette objection peut être levée de deux manières : en emportant des glaces préparées à l'avance ; mais leur poids peut être considérable et les chances d'avaries nombreuses. On peut encore se munir de pellicules préparées sur papier ; dans ce cas le poids est diminué, mais, sans nous prononcer d'une manière absolue, nous ne sommes pas certains d'une longue conservation des pellicules ainsi préparées.

La seconde difficulté que l'on aurait à vaincre en voyage est le séchage des couches de gélatine bromurée, qu'on fasse usage de glace ou de papier. La dessiccation est longue et ne peut se faire rapidement qu'avec un appareil spécial. Nous pouvons, il est vrai, la hâter en faisant usage d'alcool (nous reviendrons sur ce sujet), mais ce liquide doit être employé en assez grande quantité.

Sans vouloir établir de comparaison avec le procédé au collodion bromuré, nous pensons que ce dernier offre en voyage quelques avantages.

La pose, il est vrai, est un peu plus longue, les clichés examinés avec un fort grossissement peuvent ne pas avoir autant de finesse, mais les images sont très harmonieuses et possèdent de plus grandes qualités artistiques.

Pour le voyage, le matériel de préparation est très simple : un flacon d'émulsion, quelques glaces, du papier préparé suivant l'excellente formule de M. Magny, et c'est tout. Séchage rapide : les glaces, préparées le soir, sont mises une heure après en boîte ou dans les châssis, pour être posées le lendemain ; développement facile, enlevage des clichés sur papier et préparation nouvelle des mêmes glaces.

Par ces observations préliminaires nous ne voulons pas influencer le touriste ou le missionnaire et lui faire préférer un procédé plutôt que l'autre : notre but est de prévenir contre l'exclusivisme que l'on rencontre souvent au début de l'étude d'une nouvelle méthode photographique.

Dans le travail qui va suivre, nous ferons tous nos efforts pour mettre ceux qui, par utilité ou par agrément, auront recours à la Photographie, à même de pratiquer d'une manière certaine le procédé d'émulsion au bromure d'argent par la gélatine.

CHAPITRE PREMIER.

DE LA GÉLATINE.

1° Nature de la gélatine.

Les différentes sortes de colle ou de gélatine livrées par le commerce sont extraites de peaux, de cartilages, de tendons, de cornes et d'os d'animaux.

Au point de vue chimique, les colles fortes et les gélatines ont les mêmes caractères et constituent un composé identique. On comprend généralement par colles fortes les produits employés dans les arts ou dans l'industrie, et par gélatines les produits qui servent plus particulièrement à l'alimentation. Les premières se fabriquent avec un mélange de matières plus ou moins hétérogènes, tandis qu'on emploie de préférence et presque exclusivement pour les secondes des os frais de bœuf.

Sans entrer dans les détails que ne comporte pas le cadre que nous nous sommes tracé, nous dirons seulement quelques mots sur la fabrication de ces produits.

Lorsqu'on a réuni les matières premières, on les laisse séjourner quelque temps dans un lait de chaux très faible, afin de prévenir leur fermentation et aussi pour les faire gonfler ; puis on les rince et on les expose à l'air pour transformer en carbonate la chaux qu'elles pourraient encore contenir. Sans cette opération la colle pourrait être altérée au moment de son extraction. Les matières ainsi préparées sont mises dans une chaudière et sur un fourneau disposé de telle sorte que la flamme ne se trouve pas en contact avec le récipient. On ajoute une certaine quantité d'eau et l'on porte vivement à l'ébullition. Après quelque temps on prélève une petite partie de la solution qui s'est produite. Si cette solution se prend en gelée ferme, cette première opération est terminée. On soutire ensuite dans une autre chaudière toute la partie liquide, en ayant soin de la maintenir à une haute température pendant quelques heures. La colle s'éclaircit et laisse déposer les matières étrangères qu'elle contient. Le plus souvent, après cette première opération, on additionne d'eau les matières restant dans la chaudière, mais les produits qu'on en retire, quoique ayant une belle apparence, sont cependant de qualité inférieure.

La colle purifiée est versée dans des moules en sapin de forme rectangulaire, puis abandonnée à une basse température, de sorte qu'elle soit prise au bout de douze à dix-huit heures. La gélatine, retirée des moules, est coupée au moyen d'un fil de cuivre tendu sur un cadre et préparé de telle sorte que les feuilles aient la même épaisseur. Ces feuilles sont disposées à leur tour sur des châssis garnis de filets soumis à une libre circulation d'air. Les feuilles, devenues plus résistantes, sont mises dans des étuves afin de compléter la dessiccation.

Pour extraire la colle des os, on leur fait subir une première préparation qui a pour but de séparer la matière animale qui fournit la colle des phosphates et du carbonate de chaux. La solubilité de ces sels dans l'acide chlorhydrique permet cette séparation. Après que les os ont été dégraissés par un passage dans l'eau bouillante, on les fait macérer dans l'acide chlorhydrique, pour les ramollir et détruire la partie minérale; puis, après un lavage complet, ils sont laissés pendant quelques jours dans une solution faible de carbonate de soude; cela fait, on en extrait la colle par les procédés ordinaires.

Ce procédé de préparation des os n'est pas le seul; il y en a un autre qui consiste à réunir les os concassés dans un cylindre en fonte et à y faire entrer de la vapeur. Par une disposition de l'appareil, la graisse est expulsée; le tissu cellulaire fournit la gélatine, qui se dissout dans la vapeur condensée et vient se réunir à la partie inférieure du cylindre, où elle est recueillie.

Il y a encore d'autres procédés d'extraction de la gélatine, mais plusieurs d'entre eux constituent des secrets de fabrique et nous n'avons pas à nous en occuper.

Avant d'indiquer le choix qu'il faut faire parmi les différentes espèces de gélatine, nous dirons quelques mots sur une autre sorte désignée sous le nom d'*ichthyocolle* ou *colle de poisson*.

La colle de poisson est tirée de la vessie natatoire de tous les acipensers, et particulièrement du grand esturgeon. On en sépare la membrane externe débarrassée du sang qui peut la recouvrir, puis on la pétrit pour la ramollir; elle est ensuite séchée à basse température et finalement blanchie à l'aide du gaz acide sulfureux. On la trouve dans le commerce sous la forme de parchemin racorni et ayant, la meilleure qualité, des reflets nacrés et irisés. Dans cet état, la colle de poisson est longue à se gonfler dans l'eau froide, et ce n'est qu'en la maintenant longtemps à une assez haute température qu'on parvient à la dissoudre.

Sa dissolution n'est pas complète ; elle est mélangée de fibres et de membranes dont il faut la séparer. La colle de poisson se prend par le refroidissement en une gelée semi-transparente.

Nous trouvons dans le commerce, sous forme de feuilles de gélatine, la colle de poisson complètement soluble (elle est presque soluble dans l'eau à 18°). Cette gélatine, dissoute une première fois, perd en partie la propriété de se reprendre en gelée ; aussi son mélange avec les gélatines dures est-il avantageux pour donner à ces dernières une perméabilité plus grande. Il est utile de dire que, à la suite d'un séjour prolongé et renouvelé dans l'eau chaude, toutes les gélatines perdent plus ou moins cette faculté de fournir une gelée par le refroidissement.

2° Du choix de la gélatine.

Pour le procédé des émulsions par la gélatine, de même que pour le procédé de l'émulsion par le collodion, nous considérons que gélatine et collodion devraient être des milieux inertes, servant à faciliter et à maintenir la division du sel sensible, ces véhicules ne devant en aucune façon intervenir dans les réactions.

Nous accordons tout au plus à la matière organique une action de présence qui, suivant sa nature, facilite ou retarde la sensibilité du sel d'argent. Nous avons dit que, selon nous, la grande sensibilité de l'émulsion par la gélatine tenait à l'extrême division du bromure d'argent ; nos expériences semblent donner à notre opinion une certitude absolue.

On comprend alors que la matière organique ne doit renfermer aucun élément nuisible : de là, le choix nécessaire de la gélatine à employer. Ce choix doit se porter sur la constitution physique, car au point de vue chimique les gélatines pures ont peu de différence entre elles. Indiquer les qualités que l'on devra rechercher, c'est en même temps désigner les défauts qu'il faut éviter.

La gélatine doit avoir trois qualités principales : la pureté, la perméabilité, la ténacité.

1° Pour être pure, la gélatine doit être neutre, c'est-à-dire ni alcaline ni acide. L'alcalinité se rencontre rarement; l'acidité, au contraire, se trouve dans plusieurs sortes de produits. Dans certains cas, l'acidité très faible n'aura pas d'effet nuisible, elle ne fera que retarder la formation du bromure d'argent. Le papier tournesol en contact avec une dissolution de gélatine indiquera facilement l'un ou l'autre état. La gélatine alcaline produira des voiles dans le développement de l'image photographique, et l'acidité retardera sensiblement l'impression lumineuse.

2° La gélatine doit être perméable, c'est-à-dire facilement et promptement pénétrée par les solutions aqueuses qui concourent à la révélation de l'image latente, et cela sans éprouver ni contraction ni dilatation.

3° Il faut enfin qu'elle soit tenace, c'est-à-dire qu'elle adhère fortement au support qu'elle recouvre.

La perméabilité et la ténacité se rencontrent rarement dans une même gélatine. Il est souvent nécessaire et même avantageux de faire un mélange; c'est à l'opérateur à apprécier dans quelle proportion il devra être fait.

On ne peut recommander, pour l'émulsion, telle ou telle

gélatine, car les meilleures, et on le conçoit aisément, varient souvent selon les matières premières qui ont servi à leur fabrication : de là, des incertitudes difficiles à éviter. Il faut nécessairement recourir à des essais qui déterminent le choix à faire. Nous nous bornerons à signaler deux défauts qui empêchent toute réussite.

Le premier de ces défauts est la mollesse et le manque de résistance que l'on rencontre dans certaines sortes de gélatine ; cette mollesse se signale par la grande difficulté que l'on éprouve à les faire prendre en gelée ferme après qu'elles ont été dissoutes. De plus, elles forment des stries, des ampoules ; elles subissent des déformations qui leur font occuper quelquefois un espace double de celui qu'elles recouvraient.

Le second défaut que nous signalons, et qui ne peut être que très difficilement corrigé, est la présence de matières grasses dans la gélatine. L'émulsion faite avec ces sortes de produits se rétracte, soit au moment de la préparation des glaces, soit par le refroidissement, en formant des cercles dont le centre laisse le support presque à nu. Ces sortes de points sont souvent abondants. Il y aurait trop à faire pour en éliminer la cause. Nous conseillons d'abandonner une gélatine qui aurait ce défaut.

Pour les gélatines molles, sans ténacité, il y a un moyen simple de les rendre propres aux émulsions : il suffit de les dissoudre, après les avoir fait gonfler dans de l'eau contenant 0,25 pour 100 d'alun (sulfate double d'alumine et de potasse). Après un séjour de deux ou trois heures au plus sur un bain-marie, la gélatine sera versée dans une cuvette où elle se prendra en gelée ; si on l'employait dans cet état, elle produirait une émulsion acide et par suite moins sensible. Il faut éliminer l'alun qui ne se sera pas combiné avec la matière organique.

Pour laver la gélatine, on doit la diviser en fragments dans la cuvette où elle a fait prise et la laisser séjourner dans de l'eau distillée ou de pluie qu'on renouvellera plusieurs fois pendant vingt-quatre heures. La dernière eau sera essayée avec du tournesol, afin de s'assurer s'il ne reste plus trace d'acide. La gélatine sera fondue de nouveau et étendue sur des filets pour la faire sécher. Le procédé à suivre pour cette opération est identique à celui que nous indiquerons plus loin pour la préparation de la colle de poisson naturelle.

Nous avons cherché si, dans le gonflement des gélatines par l'eau froide, il ne se trouverait pas quelque indication qui puisse, *a priori*, servir de guide dans le choix à faire. Nous avons remarqué que la ténacité de la gélatine est souvent en relation avec la quantité d'eau absorbée.

DÉSIGNATION.	PROPRIÉTÉ.	EAU ABSORBÉE (le poids de la substance = 1).
Colle cristal (blanche). Gigodot, à Lyon.	Très résistante (dure).	3 fois ½.
Cogniet, n° 3 (blanche)............	Résistante.	4 fois.
Cogniet (sorte jaune)............	Résistante.	4 fois.
Colle de poisson naturelle..........	Résistante, perméable.	5 fois.
Gélatine Nelson (légèrement jaune, en feuilles)......................	Résistante, assez perméable.	5 fois.
Gélatine de Strasbourg (jaune).......	Molle.	7 fois.
Gélatine colle de poisson	Molle, ne reprenant pas, très perméable.	8 fois.
Grenetine, n° 3 (jaunâtre)..........	Molle.	7 fois.
Grenetine, n° 2 (plus blanche).......	Molle.	8 fois.
Grenetine, n° 1 (blanche)...........	Très molle.	8 fois.

Le tableau ci-dessus résume les résultats de quelques expériences; on voit que plus la gélatine est résistante, moins elle absorbe d'eau.

La colle de poisson que le commerce livre sous forme de feuilles de gélatine est acide. Cela tient sans doute à la méthode employée pour l'extraire de la colle naturelle; c'est par ce traitement sans doute aussi qu'elle perd la faculté de reprendre en gelée quand elle a été dissoute une première fois. La colle de poisson naturelle est neutre, mais elle est moins perméable que la première. Mélangée avec certaines autres gélatines, elle donne d'excellents résultats. Les clichés qu'elle fournit ont une coloration agréable et beaucoup moins verte qu'avec la plupart des autres gélatines.

A l'état naturel, l'ichthyocolle est mélangée de membranes et de fibres dont il faut la séparer. Cette opération se fait très facilement. On commence par choisir la colle de poisson, puis on la coupe en petits fragments qu'on laisse séjourner pendant quarante-huit heures dans l'eau froide. Elle se gonfle très légèrement et néanmoins se trouve préparée pour être dissoute. Il faut alors la mettre sur un bain-marie que l'on maintient pendant une heure à la température de l'ébullition. Quand la dissolution est complète, on la filtre chaude et on la verse dans une cuvette disposée horizontalement. Par le refroidissement, elle se prendra en gelée transparente qui ne doit pas avoir plus de trois ou quatre millimètres d'épaisseur, afin que la dessiccation puisse se faire promptement. Quand la gelée est devenue très ferme, elle forme au fond de la cuvette une feuille mince que l'on divise en bandes étroites, en s'aidant pour cette opération d'une lame de verre d'une largeur moyenne.

La *fig.* 1 fera aisément comprendre la manière d'opérer.

Fig. 1.

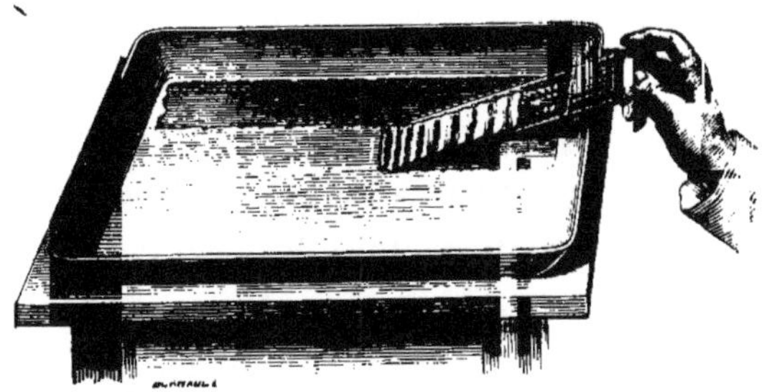

Ainsi que cette figure l'indique, les bandes, en se séparant de la cuvette, se replient sur elles-mêmes. Il faut les remettre à plat et les disposer sur des claies ou mieux sur des châssis garnis de filets tendus, comme l'indique la *fig.* 2. Ces châs-

Fig. 2.

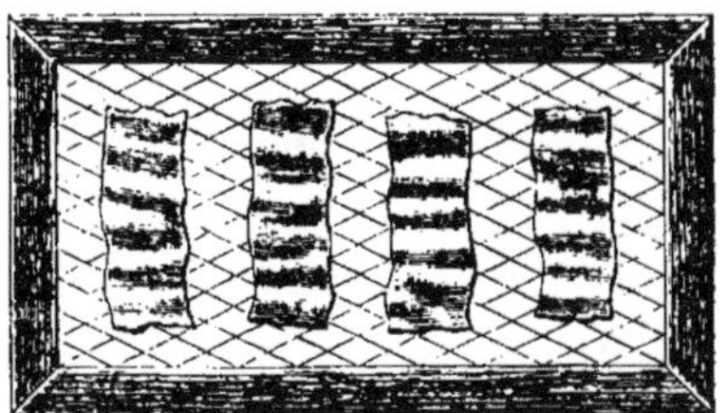

sis seront placés de telle sorte que l'air puisse circuler librement. Au bout de deux jours la gélatine aura perdu assez d'eau pour supporter sans se dissoudre une douce chaleur qui en achèvera la complète dessiccation.

Avant de terminer ce Chapitre, nous devons insister sur une précaution utile et qui peut éviter des insuccès. Quand on aura fait choix pour l'émulsion d'une ou plusieurs sortes de gélatine, on devra diviser la provision (500^{gr} au moins) en petits fragments et les mélanger avant de s'en servir. De cette façon on évitera les défauts qui pourraient dépendre de quelques feuilles et qui, répartis dans la quantité, se trouveront très amoindris.

On voit par ce qui précède qu'il est très difficile d'établir sur les gélatines des théories certaines. Nous nous trouvons en présence d'une matière dont la nature est trop variable pour qu'il en puisse être autrement. Néanmoins, espérons que les indications que nous avons données pourront être de quelque utilité à ceux qui pratiqueront le procédé d'émulsion au bromure d'argent par la gélatine.

CHAPITRE II.

PRÉPARATION DE L'ÉMULSION.

1° Préparation du bromure d'argent.

Dans le procédé à la gélatine, le choix des bromures solubles destinés à la préparation du bromure d'argent a une moins grande importance que dans le procédé au collodion. Cependant il est indispensable qu'ils n'exercent aucune action sur la matière organique. Quelques bromures à base métallique coagulent en partie la gélatine; ils doivent être rejetés. Il ne faut pas qu'ils soient acides; ils doivent être neutres ou alcalins. Nos recherches ont été faites avec les bromures de potassium et d'ammonium, et nous croyons que ce dernier est préférable à tous les autres. Le bromure d'argent qu'il fournit est très sensible et très divisé. Le nitrate d'ammonium résultant de la double décomposition est sans action sur la gélatine.

La sensibilisation de l'émulsion nous amène à résoudre cette question : l'émulsion doit-elle être produite en présence d'un excès d'argent ou d'un excès de bromure; ou enfin le sel d'argent et le bromure doivent-ils se neutraliser exactement?

Dans les émulsions par le collodion nous avons démontré dans notre travail (1), et la pratique l'a confirmé, qu'il est nécessaire que le bromure d'argent soit formé en présence d'un léger excès d'argent, afin d'obtenir une plus grande sensibilité. Nous avons insisté pour que cet excès soit faible, sans quoi la matière organique (le coton) se combinerait avec l'argent et produirait des voiles pendant le développement de l'image. Pour la gélatine, il n'en est pas de même : le moindre excès d'argent est nuisible et a pour effet une coloration des clichés au moment du développement.

Si le développement se fait par l'ammoniaque, cette coloration est rouge par transparence et bleue par réflexion. Avec le révélateur aux sels de fer, elle se manifeste par un ton verdâtre assez accentué dans les ombres. Il faut de toute nécessité éviter ce qui pourrait mettre en présence la gélatine et le nitrate d'argent. Ce point est d'autant plus important que certaines gélatines paraissent avoir autant d'affinité que le bromure alcalin pour le sel d'argent, de sorte qu'on ne peut éviter une combinaison de la matière organique, qui a lieu en même temps que la formation du bromure d'argent. Nous ne saurions trop insister sur les effets nuisibles de cette affinité. Nous donnons une manière d'opérer qui met en grande partie l'opérateur à l'abri des insuccès dont cette combinaison serait la cause directe.

La preuve de ce que nous avançons est facile à démontrer par une expérience très simple. Si dans une solution neutre de gélatine on introduit quelques centigrammes d'azotate

---

(1) *Photographie par émulsion sèche au bromure d'argent pur.* Paris, Gauthier-Villars ; 1877.

d'argent neutre, il y a combinaison immédiate, et si l'on conserve cette solution liquide pendant quelques heures, on trouve à l'analyse que la solution ne contient plus d'argent libre. (Il est bien entendu que la quantité d'azotate d'argent à introduire ne doit pas dépasser la proportion que la gélatine peut absorber dans la combinaison.)

Un des grands ennuis des amateurs est de ne pouvoir toucher au nitrate d'argent sans se tacher les doigts. Ces taches, qu'on ne peut faire disparaître qu'avec des réactifs énergiques, donnent encore la preuve de la grande affinité des matières organiques en général pour les sels d'argent. Entre notre peau et la gélatine, il y a beaucoup d'analogie. On pourra nous dire : « C'est précisément à ces effets que l'on attribue la grande sensibilité de l'émulsion par la gélatine, et vous les rejetez. » Oui, et jusqu'à preuve dûment établie du contraire nous maintiendrons cette opinion qu'entre le sel d'argent et toute matière organique il ne doit s'exercer aucune action directe.

Si l'on croyait devoir insister et nous dire que plusieurs formules publiées indiquent un excès d'argent, nous répondrions encore que, sans préjuger du soin apporté aux opérations, on a pu être trompé par la nature des produits livrés par le commerce. Pour former méthodiquement du bromure d'argent, sans excès de l'un ou de l'autre sel entrant dans la double décomposition, on prend un équivalent de bromure et un équivalent d'azotate d'argent. Or il y a souvent un grand écart entre la théorie et la pratique. Pour ne citer qu'un exemple : le bromure d'ammonium a pour formule AzH^4Br et son équivalent est 97,996; l'azotate d'argent $AgOAzO^5$ a pour équivalent 169,97, d'où il résulte que 1gr de bromure d'ammonium chimiquement pur exige, pour être converti en bromure d'argent, $1^{gr},73$ d'azotate d'argent. Or, avec ces proportions, on obtient avec les produits du commerce un excès très sensible de bromure. Le plus souvent, pour avoir un excès de 0,05 d'argent, il faut pour 1^{gr} de bromure $1^{gr},86$ d'azotate [1].

Nous insistons sur la nécessité de faire des analyses : c'est le plus sûr moyen de trouver de la constance dans les résultats.

2° Formules des émulsions.

Avant d'indiquer nos formules, nous tenons à faire observer que, pour avoir un maximum de sensibilité, l'émulsion doit contenir la plus grande quantité possible de sel sensible; et l'on n'arrive à ce résultat qu'en proportionnant la quantité de gélatine à celle du bromure d'argent qui doit rester en suspension.

Pour la sensibilisation et toutes les opérations qui la suivent, la lumière qui éclaire le laboratoire a une importance capitale. L'émulsion à la gélatine est extrêmement sensible et les voiles produits ont très souvent pour cause la nature de cette lumière. On devra donc apporter la plus grande attention à l'éclairage du laboratoire. Une lanterne garnie de doubles pellicules à la chrysoïdine nous a paru ce qu'il y avait de préférable.

Tous les détails qui précèdent étant bien établis, nous en-

---

[1] Cet écart entre la théorie et l'expérience ne peut tenir qu'à l'état de pureté des produits, à leur degré d'humidité, etc. On fera donc une chose utile, quand on renouvellera ses produits, d'en fixer d'avance la richesse. Cette précaution permettra d'agir méthodiquement.

trons dans la mise en pratique du procédé. Voici les formules qui servent à la préparation de l'émulsion.

1° *Gélatine bromurée.*

Eau	60^{cc}
Bromure d'ammonium (AzH^4Br)	6^{gr}
Gélatine Nelson (en feuilles)	4^{gr}
Colle de poisson (gélatine ou naturelle)	4^{gr}

Cette formule est très convenable pour une température extérieure moyenne, c'est-à-dire au printemps et à l'automne. En hiver, nous augmentons la proportion de la colle de poisson ou nous la remplaçons par une gélatine tendre et facilement soluble (par exemple la grenetine n° 2 ou 3). Il est bien entendu que la gélatine Nelson sera diminuée dans la même proportion.

Les meilleures gélatines à employer en été sont celles qui présentent le plus de ténacité, qui font prise en peu de temps à une température relativement élevée. La gélatine Cogniet (superextra) en feuilles épaisses remplit très bien ce but. Il suffira de la mélanger, en la faisant entrer pour un tiers ou un quart dans le poids total, avec de la gélatine Cogniet (feuilles minces et blanches) employée pour l'usage alimentaire. On peut encore remplacer cette dernière par la gélatine Nelson indiquée dans la formule ou même par la colle de poisson. Dans ce dernier cas la proportion sera celle-ci :

Gélatine Cogniet (superextra, feuilles épaisses)	4^{gr}
Colle de poisson	2^{gr}

2° *Solution d'argent.*

Eau	60^{cc}
Azotate d'argent ($AgOAzO^5$)	$10^{gr},80$

Après avoir pesé très exactement les 6^{gr} de bromure, on les fera dissoudre dans les 60^{cc} d'eau contenus dans un ballon, puis on ajoutera les gélatines coupées en fragments.

Les gélatines se gonflent dans l'eau bromurée; elles peuvent rester quelque temps dans cet état, mais nous préférons les faire dissoudre par une douce chaleur et les laisser reprendre en gelée. Cette précaution est surtout avantageuse quand on n'est pas prêt à faire la sensibilisation.

D'autre part on pèsera, toujours exactement, les $10^{gr},80$ d'azotate d'argent, que l'on fera dissoudre dans 60^{cc} d'eau distillée. Tout étant disposé, il faut amener à la même température (30° environ) les deux solutions; puis verser par petites parties, et en agitant vigoureusement, la solution argentique dans la gélatine bromurée. 30^{cc} d'eau légèrement chauffée seront employés à laver le flacon contenant l'argent et ajoutés à l'émulsion. Il est très important de ne pas intervertir l'ordre des opérations. Cette importance ressort des expériences que nous avons signalées au commencement de ce Chapitre; elles confirment de la manière la plus absolue le principe que nous avons émis, à savoir qu'il ne doit y avoir aucun contact direct entre la gélatine et le nitrate d'argent. C'est aussi pourquoi nous insistons pour que l'émulsion soit préparée sans excès d'argent. Or, qu'arriverait-il si, au lieu de verser la solution argentique dans la gélatine bromurée, on faisait le contraire? La matière organique se trouverait dès le commencement de la préparation en présence d'un excès d'argent et entrerait en combinaison avec lui. De là des teintes colorées, le plus souvent rouges, qui se manifestent au développement des clichés.

L'émulsion du bromure d'argent par la gélatine se produit

très facilement, mais elle n'est pas toujours excellente : cela peut dépendre du soin qu'on aura apporté à la préparer. Nous engageons très fortement à se servir d'un petit appareil mis en usage par M. Davanne pour l'émulsion au collodion (*fig.* 3).

Cet appareil est formé par la superposition de deux ballons à fond plat dont l'inférieur est plus grand que le supérieur, afin qu'il puisse reposer sans crainte d'être entraîné par le

Fig. 3.

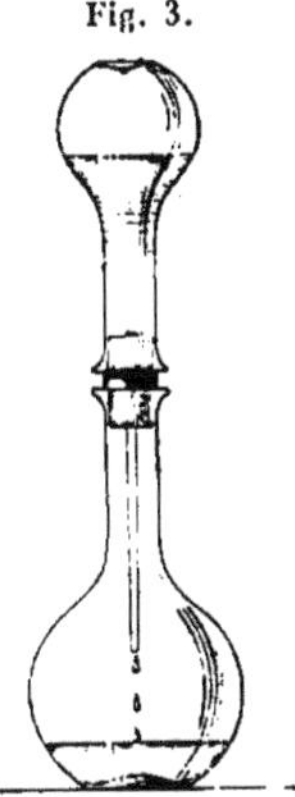

poids provenant de la hauteur de l'appareil, et aussi pour offrir un plus grand espace au mélange.

Ces deux ballons sont reliés entre eux par un même bouchon, lequel est traversé par un tube qui affleure sa partie supérieure et qui se prolonge jusqu'au centre du grand ballon; son extrémité est un peu rétrécie.

La gélatine bromurée est introduite dans le grand ballon et la solution d'azotate d'argent dans le plus petit. Après avoir porté les deux liquides à la même température, on ferme l'appareil. On secoue ensuite vivement de manière à mélanger les deux liquides. En employant cette méthode pour préparer l'émulsion, on obtient une division parfaite du bromure d'argent.

Nous avons fait une modification que nous voulons signaler parce qu'elle nous offre plus de garantie. Les proportions finales restent les mêmes que dans la formule (p. 19); seulement, pour écarter toutes les causes d'insuccès qui pourraient résulter de la préparation, nous avons pensé qu'il serait avantageux de diminuer, pendant la sensibilisation, la proportion de gélatine, afin d'éviter en partie son contact avec l'azotate d'argent. Voici la formule modifiée:

N° 1.

Eau	55^{cc}
Bromure d'ammonium (AzH^4Br)	6^{gr}
Gélatine Nelson (en feuilles)	2^{gr}
Gélatine colle de poisson (ou naturelle)	2^{gr}

N° 2.

Eau	55^{cc}
Azotate d'argent ($AgOAzO^5$)	$10^{gr},80$

N° 3.

Gélatine Nelson (en feuilles)	2^{gr}
Colle de poisson (gélatine ou naturelle)	2^{gr}

Les gélatines du n° 3 auront été préalablement gonflées dans l'eau et en absorberont environ 25^{cc}.

On procède ainsi : après avoir pesé le bromure, on y ajoute 55^{cc} d'eau distillée ou de pluie, puis on y fait gonfler les gélatines indiquées pour le n° 1. La sensibilisation se fait de la même manière que dans notre première formule. Le ballon contenant l'argent sera lavé avec 25^{cc} d'eau légèrement chauffée qui seront ajoutés à l'émulsion. Il est important pour cette opération de n'employer qu'une très faible chaleur, juste le degré nécessaire pour que la gélatine reste fluide. Si la température était trop élevée, comme la proportion de gélatine est relativement faible, on aurait à craindre la précipitation d'une partie du bromure d'argent.

L'émulsion ainsi préparée doit rester environ une demi-heure dans un bain-marie maintenu à une faible température.

Le moyen qui nous a paru le plus régulier consiste à placer ce bain-marie sur une simple veilleuse. Après cette demi-heure, on ajoutera le n° 3.

Les gélatines gonflées se dissoudront très facilement, surtout si l'on a soin de remuer quelques instants. Pour que l'émulsion atteigne une grande homogénéité et son maximum de sensibilité, il est nécessaire de la maintenir pendant cinq heures et plus dans le bain-marie. Il est utile de l'agiter de temps en temps.

Afin de s'assurer qu'il n'y a pas eu d'erreurs dans les préparations, nous avons toujours recours à l'analyse. Pour cela nous versons, une ou deux heures après la sensibilisation, 2^{cc} ou 3^{cc} d'émulsion sur une glace, où nous la laissons faire prise (cette analyse se fait à la lumière du jour), puis nous la détachons par fragments que nous lavons avec une très petite quantité d'eau. On filtre et on ajoute quelques gouttes d'azotate d'argent à 1 pour 100 dans l'eau. Si ce réactif produit un léger trouble bleuâtre, l'opération est bien faite. Si ce trouble se produisait, non plus avec l'azotate d'argent, mais avec quelques gouttes d'une solution de chlorhydrate d'ammoniaque, il indiquerait alors un excès d'argent et l'émulsion serait perdue. On fera donc une chose utile en divisant l'eau de lavage en deux parties, de manière à rendre l'analyse certaine. Après filtration renouvelée, l'eau de lavage reste un peu trouble et la vérification est un peu difficile; néanmoins, avec quelque habitude, on parvient à s'en rendre compte assez exactement.

Après la sensibilisation, l'émulsion contient de la gélatine, du bromure d'argent et du nitrate d'ammonium provenant de la double décomposition. La présence de ce dernier sel serait nuisible, il faut l'éliminer par des lavages ([1]).

([1]) De même que la gélatine permet de tenir en suspension le bromure d'argent à l'état de division infinie, elle peut encore être mélangée à des substances inertes et recevoir une application dans la confection des surfaces remplaçant les verres dépolis. Il suffit d'utiliser cette extrême division en incorporant dans la gélatine deux sels qui, par double décomposition, donneront un produit insoluble. Le sulfate de baryte se prête mieux qu'aucun autre corps à cette opération. Voici la formule que nous employons; elle est très-simple :

N° 1.

Eau	100^{cc}
Chlorure de baryum	6^{gr}
Gélatine	5^{gr}

N° 2.

Eau	100^{cc}
Sulfate de soude	15^{gr}
Gélatine	5^{gr}

On fait dissoudre séparément le chlorure de baryum et le sulfate de soude dans les 100^{cc} d'eau. On y ajoute, toujours séparément, les 5^{gr} de gélatine de chaque solution. Après gonflement, on dissout au bain-marie, puis on verse peu à peu et en agitant le n° 2 dans le n° 1. Le précipité qui se forme est du sulfate de baryte. Il reste dans la solution du chlorure de sodium qu'il faut éliminer par lavage, ce que l'on obtient par les moyens déjà connus. Les proportions que nous indiquons ne sont pas rigoureuses. Il est en effet indifférent que le sulfate de baryte se trouve mélangé à une petite quantité de chlorure de baryum ou de sulfate de soude, puisque ces sels, étant solubles, sont enlevés par les lavages.

En laissant sur la glace plus ou moins de gélatine barytée, on obtiendra naturellement plus ou moins de transparence; mais, quelle que soit la couche, elle aura toujours une finesse extrême.

Il est utile de filtrer cette émulsion avant de l'étendre sur les glaces. Les glaces,

3° Lavage de l'émulsion.

On commence par mettre une cuvette à peu près de niveau, puis on y filtre la gélatine encore chaude à l'aide d'une petite touffe de laine cardée placée dans le fond d'un entonnoir. Nous conseillons de se servir pour cette opération d'un appareil, construit par M. Brewer, spécial pour filtrations chaudes. Si après filtration on trouvait dans l'entonnoir une petite quantité de bromure d'argent aggloméré, il ne faudrait pas s'en préoccuper.

Afin de rendre l'émulsion plus ferme, nous conseillons de la placer dans un endroit frais et autant que possible à un courant d'air. Après trois heures la gélatine sera suffisamment prise pour être divisée, à l'aide d'une lame de verre ou de platine, en très petits fragments que l'on immergera dans une capsule remplie d'eau aussi froide que possible; puis on remuera énergiquement. Quelques instants de repos réuniront la gélatine au fond du vase; on pourra donc retirer cette première eau par décantation. L'eau sera alors renouvelée et le mélange jeté vivement sur un filtre en mousseline. La gélatine sera entraînée et viendra se fixer au fond du filtre.

Pour obtenir un lavage facile et remplissant le but proposé, nous avons adopté la disposition suivante (*fig.* 4).

---

préparées et séchées, devront séjourner quelque temps dans une solution de tannin à 2 pour 100; puis elles seront lavées de nouveau avant le séchage définitif.

Nous devons ajouter que la gélatine barytée prend beaucoup de transparence en séchant. Il sera donc nécessaire de faire un essai préalable pour déterminer la quantité d'émulsion à laisser sur la glace. Si, par suite d'une erreur, le dépoli se trouvait trop mat, il est facile de lui donner la transparence nécessaire en vernissant la couche de gélatine avec du vernis à l'ambre dissous dans la benzine.

L'appareil est, comme on le voit, d'une très grande simplicité. Il se compose d'un vase très élevé, muni à sa partie inférieure d'un robinet et garni en haut d'une sorte de chausse en mousseline. La gélatine est placée dans le fond de la chausse; le vase est empli d'eau jusqu'à deux ou trois centimètres au-dessus de la gélatine. Le lavage s'opère automatiquement. L'eau se chargeant des sels solubles contenus dans l'émulsion descend au fond du vase et est remplacée par

Fig. 4.

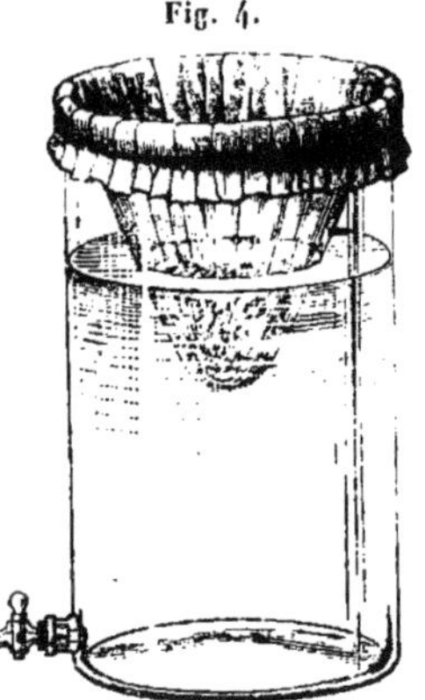

l'eau, plus légère. Pour hâter le lavage, on renouvelle l'eau, en retirant par le robinet celle qui a déjà servi. En répétant deux ou trois fois cette opération, on obtient un lavage complet.

Nous faisons une analyse de la dernière eau, afin d'opérer avec certitude.

4° Émulsion sèche.

Le procédé le plus simple et en même temps le plus pratique pour faire l'émulsion sèche consiste à immerger la gélatine bromurée, après l'avoir bien égouttée, dans de l'alcool que l'on renouvelle plusieurs fois. Après plusieurs lavages, on l'égoutte de nouveau et la dessiccation s'opère assez promptement. Cependant nous préférons agir un peu différemment.

Quand le lavage de la gélatine bromurée est terminé, nous la faisons refondre et nous la filtrons dans une cuvette, de manière que la couche qu'elle produit n'ait pas plus de deux millimètres d'épaisseur. Nous la laissons se prendre, puis, sans la détacher, nous la coupons par bandes d'une largeur d'un centimètre. En cet état elle est recouverte d'alcool, qui pénètre par les divisions. Cet alcool se charge d'une grande partie de l'eau contenue dans la gélatine, de sorte qu'en le renouvelant l'eau est presque entièrement éliminée, et l'on obtient un produit facile à dessécher. Avant de détacher les petites bandes, il faut les égoutter pendant une heure environ, puis les étendre avec soin sur des châssis garnis de filets à mailles serrées.

Dans toutes les opérations de séchage où la gélatine se trouve mélangée au sel d'argent, nous excluons l'usage de la chaleur : elle peut être la cause de beaucoup d'insuccès. Nous préférons abandonner les préparations dans des courants d'air convenablement disposés. Le séchage s'opère du reste assez rapidement. Par l'usage de l'alcool, deux jours suffisent pour amener à l'état d'émulsion sèche la gélatine bromurée.

Cette émulsion se conserve bien, à la condition toutefois d'être mise dans des flacons et non dans des boîtes en carton.

Avant de redissoudre l'émulsion sèche, il est nécessaire de

la faire gonfler dans l'eau pendant deux ou trois heures. C'est après ce temps qu'on la portera au bain-marie. Il faut avoir soin que la dissolution soit complète. La proportion à suivre est celle-ci :

Émulsion sèche..................	6gr à 8gr
Eau....	100cc

CHAPITRE III.

PRODUCTION DU CLICHÉ.

1° Nettoyage des glaces.

La méthode suivie pour le nettoyage des glaces est indifférente à condition que le but soit atteint. Il est tout aussi nécessaire d'avoir des glaces exemptes de corps gras et d'oxydes métalliques pour le procédé à la gélatine que pour tout autre procédé. Voici le moyen que nous avons toujours employé et qui offre la plus complète sécurité. Les glaces neuves ou ayant servi sont mises pendant quelques heures dans une solution étendue de potasse caustique, puis lavées avec soin et plongées dans de l'eau acidulée. Elles peuvent y séjourner un temps indéterminé sans crainte d'altération. Les glaces sont de nouveau lavées, égouttées et essuyées. Il suffit alors d'y passer un peu d'alcool. Nous terminons par le polissage au talc, qui a pour but de rendre la surface des glaces homogène. Bien que le talc facilite le décollement des clichés pelliculaires, il ne détruit pas l'adhérence de la gélatine.

2° Préparation des glaces.

Avant de procéder à la préparation des glaces, il faut disposer dans le laboratoire et à portée de la main tous les objets nécessaires.

Ce sont : 1° Une sorte de boîte à eau chaude, semblable à celles qu'on emploie pour les chaufferettes, avec cette modification, qu'au lieu d'être bombée sur une des parois elle doit présenter une surface plane. Cet appareil sert à chauffer les glaces avant la préparation.

2° Un bain-marie placé sur des charbons brûlant sans flamme, afin d'éviter la lumière qui pourrait venir de ce côté. Ce bain-marie est destiné à conserver l'émulsion fluide. Il ne faut pas que la température soit trop élevée. C'est à l'opérateur à apprécier. Si l'émulsion était trop chaude, elle coulerait trop facilement sur les glaces et l'on aurait des couches trop minces; de plus elle pourrait se retirer par places en formant des cercles ou des ondulations. Si l'émulsion était trop froide, elle s'égaliserait mal et aurait un commencement de prise avant qu'on ait eu le temps de régulariser la couche. Il faut, pour obtenir un bon résultat, que l'émulsion soit de 1° ou 2° plus chaude que la glace qui doit être préparée.

3° Un vase semblable à une cafetière ou une théière dont le bec devra être un peu allongé et rétréci à son ouverture par un petit tube en verre fixé dans un bouchon, de sorte que l'écoulement se fasse par filet. Ce vase devra être aussi maintenu sur un bain-marie.

4° Une glace épaisse encadrée dans un châssis en bois,

muni de trois vis calantes, pour y déposer les glaces après leur préparation, afin que la prise de l'émulsion ait lieu sur une surface parfaitement de niveau.

Tout étant disposé, on commencera par faire dissoudre l'émulsion, puis on la filtrera dans le vase qui doit contenir la provision. C'est dans ce vase que l'on reversera, en le filtrant sur une touffe de laine, l'excès de la solution versée sur les glaces. La petite cafetière doit contenir la quantité nécessaire à la préparation de plusieurs glaces. Cela fait, on placera sur la boîte à eau chaude une des glaces à préparer, et, quand elle aura atteint le degré de chaleur suffisant, on la remplacera par une autre, de sorte que, lorsque la première sera terminée, la seconde se trouvera prête, ainsi de la troisième et des autres.

La quantité d'émulsion à verser sur chaque glace doit être telle qu'il n'y en ait pas un trop grand excès. En s'aidant d'un pinceau, on arrive à couvrir les surfaces avec peu de liquide. Il est cependant nécessaire qu'il en reste assez, afin de pouvoir, par un mouvement de la main, l'égaliser avant de la placer sur la glace où elle doit faire prise.

Dans un milieu dont la température ne dépasse pas 15° à 18°, l'émulsion est devenue assez ferme en vingt minutes pour que, en plaçant les glaces verticalement, on n'ait pas à craindre l'écoulement de la gélatine.

3° Séchage des glaces.

Le séchage est peut-être un des points qui demandent le plus d'attention. Nous avons dit que l'emploi de la chaleur pouvait être la source d'accidents; nous préférons de beaucoup la circulation de l'air ; quand l'installation est bien comprise, le séchage se fait assez promptement. Voici la disposition que nous avons adoptée et qui nous réussit bien.

Dans une armoire d'une hauteur d'au moins un mètre nous disposons deux séries de râteliers, fixés en sens contraires.

Fig. 5.

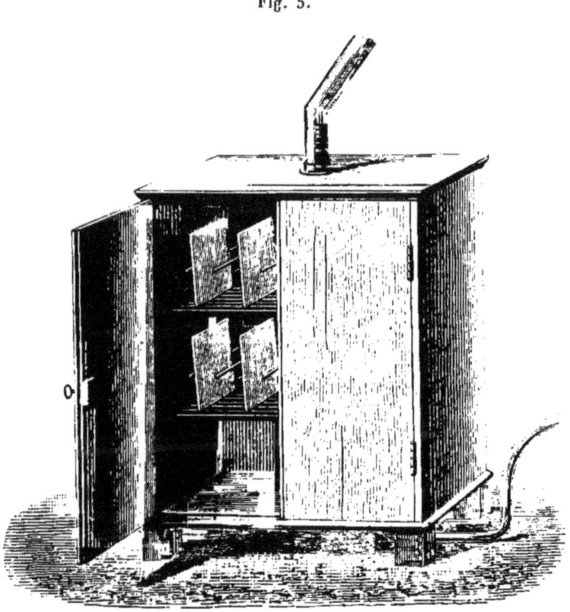

Ceux qui se trouvent perpendiculaires au fond de l'armoire servent à séparer les glaces, les autres leur servent de support. Dans un espace assez restreint on peut mettre un grand nombre de glaces ; il suffit de faire deux ou trois étages de râteliers, et dans ce cas l'armoire doit être plus haute. Avec cette disposition, représentée par la *fig.* 5, la libre circulation de l'air peut facilement s'établir. Il suffit de faire un appel par un tuyau fixé sur le dessus de l'armoire et aboutissant dans une cheminée. A l'aide d'ouvertures pratiquées dans le bas du séchoir, le tirage s'établira d'une manière constante et régulière. Il va de soi que la lumière ne doit pénétrer par aucune des ouvertures.

Ce mode de séchage ne peut s'effectuer en voyage et ce serait compliquer le bagage que d'y ajouter cet appareil. Aussi nous conseillons, dans ce cas, de recourir aux dispositions spéciales proposées par MM. Jonte, Audouin, etc.

Comme le procédé d'émulsion par la gélatine peut rendre de grands services dans les laboratoires, nous avons pensé qu'il serait utile de faire connaître tous les moyens pratiques de le mettre en œuvre. C'est afin de remplir ce but que nous allons indiquer une manière d'opérer pour obtenir des préparations régulières. Le matériel diffère de celui que nous venons de décrire.

Fig. 6.

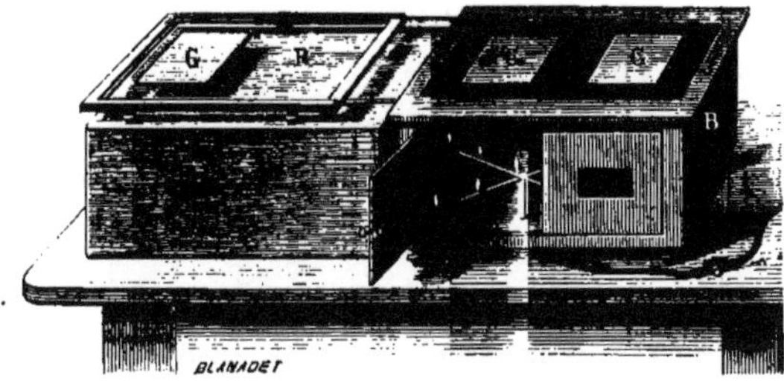

B est une boîte dont le dessus est formé par une plaque de fonte parfaitement dressée, de cinq à six millimètres d'épaisseur. Les côtés qui la supportent, et qui doivent fermer la boîte hermétiquement, sont en tôle ou en bois. Sur le devant sont disposées deux portes; l'une d'elles a une ouverture, C, à laquelle on adapte un carreau orangé. Dans l'intérieur de la boîte, deux tubes rectangulaires sont munis de petits becs de gaz. Un seul robinet règle la hauteur de la flamme et se trouve placé en dehors de l'appareil. On peut donc, en examinant par le carreau et sans ouvrir les portes, augmenter ou diminuer l'arrivée du gaz.

Sur le dessus de la boîte on dispose un feutre ou des papiers buvards, destinés à égaliser, en la modérant, la chaleur de la plaque. A côté de cette plaque chaude nous plaçons, juste à la même hauteur, une glace mise de niveau à l'aide de vis calantes. Celle-ci est maintenue par un châssis dont le cadre doit l'affleurer, afin que les glaces préparées conservent dans leur déplacement exactement le même niveau.

Cet appareil, très facile à installer dans un laboratoire, pourra, en dehors de la préparation des glaces à la gélatine, être souvent utilisé, par exemple pour sécher des clichés au collodion, pour vernir, pour cirer des papiers, etc. Si l'on n'a pas le gaz à sa disposition, on peut le remplacer par des lampes ou des charbons.

Après avoir chauffé la plaque, on attendra quelques instants pour que le feutre ou les buvards qui la recouvrent aient perdu leur humidité et repris leur planimétrie. A l'aide des vis calantes on établira un niveau parfait ; puis on disposera sur le feutre une ou plusieurs glaces, en ayant soin de commencer la préparation par celle qui se trouvera le plus près de la plaque à refroidir. Dans ce mode de préparation, nous ne versons sur les glaces que la quantité de solution nécessaire à les recouvrir sans excès. Pour arriver à ce résultat, on fera bien de préparer à l'avance différentes mesures en rapport avec les surfaces, en prenant comme évaluation qu'il faut environ trois ou quatre centimètres cubes d'émulsion par décimètre carré. La solution sera versée sur la glace de manière à laisser peu d'espace non recouvert; puis, à l'aide d'une règle dentelée que l'on promènera dans tous les sens, on égalisera la couche. Quand l'émulsion offrira une surface régulière, la préparation sera terminée, il n'y aura plus qu'à glisser doucement la glace ainsi préparée sur la plaque froide et à procéder de même pour les suivantes. Aussitôt que la gélatine aura fait prise, les glaces seront mises au séchoir. S'il n'y a pas d'interruption dans l'opération, on peut en très peu de temps préparer un assez grand nombre de glaces sensibles.

Le mode de préparation que nous indiquons, permet à l'opérateur de modifier à son gré l'épaisseur des couches sensibles. Avec la formule indiquée, on obtiendra facilement des couches moyennes ou plus fortes. Cependant, comme il peut être avantageux et surtout économique de faire des préparations minces, nous ferons observer que, pour arriver à ce résultat, il est nécessaire de diluer l'émulsion en y ajoutant son volume d'eau. Dans ce cas, le séchage doit se faire horizontalement.

4° Émulsion sur papier.

Le procédé que nous décrivons peut s'appliquer sur papier aussi bien que sur verre. Les clichés obtenus ont seulement un peu moins de finesse.

Le papier servant de support à l'émulsion doit avoir deux qualités principales : un encollage très-résistant et une grande finesse de grain. Le papier de Rives premier choix remplit bien ces conditions.

Pour étendre l'émulsion, nous employons le même procédé que pour la préparation du papier au charbon. La *fig.* 7 indique la disposition que nous avons adoptée. Sur une glace encadrée par un châssis muni de vis calantes nous appliquons le papier, préalablement mouillé; on recouvre cette feuille de papier buvard; puis, à l'aide d'un rouleau ou d'une raclette, on enlève l'excès d'eau tout en chassant les bulles

Fig. 7.

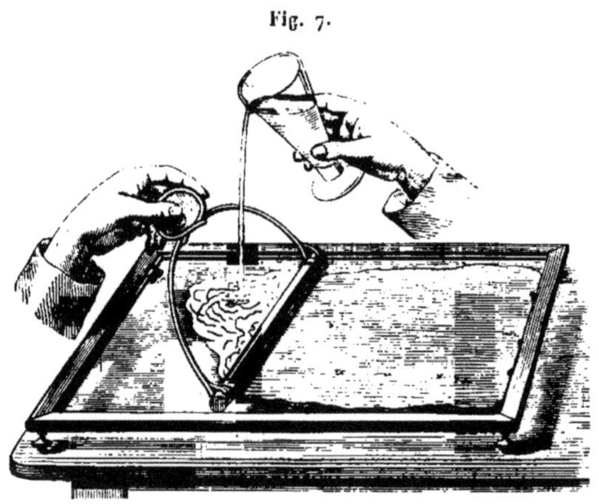

qui se seraient interposées entre le papier et la glace. On peut, avec plusieurs châssis se nivelant les uns sur les autres, préparer plusieurs feuilles. Pour déterminer la quantité d'émulsion à laisser sur le papier, nous nous servons d'une règle en verre dont l'arête est arrondie et qui est maintenue par une tringle en fer servant à la manœuvrer. A chaque extrémité de cette règle sont fixées deux bandes de caoutchouc qui limitent exactement l'épaisseur de la couche de gélatine. Avant de procéder à la préparation, il faudra déterminer la quantité de liquide qui devra couvrir la feuille, et cela sans excès.

Tout étant disposé, la feuille de papier bien tendue et l'émulsion amenée à la température voulue, on versera la solution par petit filet en décrivant des lignes parallèles aussi rapprochées que possible les unes des autres. Le liquide doit être versé derrière la règle, c'est-à-dire entre cette règle et la tringle qui la maintient, de sorte que par un mouvement simultané on puisse égaliser la couche au fur et à mesure de l'écoulement du liquide. Les surfaces ainsi obtenues sont d'une régularité parfaite. On recouvrira successivement toutes les feuilles préparées. La gélatine est prise en un quart d'heure ou plus, suivant la température du milieu dans lequel on opère. Quand on juge la prise suffisante, on enlève les feuilles avec précaution, puis on les suspend pour les laisser sécher naturellement.

Il va sans dire que le temps exigé pour le séchage dépend en grande partie de l'épaisseur de la gélatine. Pour faciliter le détachement du papier préparé, nous avons l'habitude de réserver une bande qui déborde la glace et qui ne reçoit pas de préparation. Cette bande, repliée sur elle-même, sert à suspendre la feuille sans crainte d'altérer la couche.

Par la dessiccation, les feuilles se gondolent toujours un peu; pour leur rendre leur planimétrie, il suffit de les maintenir pendant quelques heures sur un rouleau de bois de moyen diamètre, puis de les conserver dans un châssis à reproduction, où la pression achèvera de les rendre très planes. Le procédé que nous indiquons permet de préparer des feuilles de grande dimension que l'on coupe ensuite suivant les besoins. Nous avons dit, au commencement de ce paragraphe, que le papier de Rives convenait bien pour ce procédé; nous devons ajouter que nous employons avec succès ce papier, soit avec une préparation première d'albumine coagulée, ou avec une solution de gélatine rendue insoluble. Ces supports évitent les décollements qui pourraient se produire ultérieurement.

5° De la pose.

Le procédé d'émulsion par la gélatine est, de l'avis général, le plus rapide des procédés secs. En effet, on peut, dans de bonnes conditions, obtenir facilement des instantanéités. Cependant, il convient de ne pas exagérer l'importance de cette sensibilité. Il faut se rappeler que la lumière agit de deux manières différentes sur les sels impressionnables. Elle agit par son intensité et par sa durée ; or, il se rencontre souvent des circonstances où ces deux conditions se trouvent opposées l'une à l'autre. Prenons un exemple qui fera mieux comprendre notre pensée. Si nous avons un paysage à reproduire, que le sujet renferme des parties blanches, telles que des maisons, des pierres etc., et qu'à côté nous ayons des verdures très fortement colorées ou ombrées, qu'arrivera-t-il ? Évidemment les parties blanches impressionneront immédiatement la couche sensible et l'auront même solarisée avant que les ombres aient pu inscrire quelques détails. C'est précisément ce qui arrive avec les procédés qui ont une grande rapidité. Il faut donc, dans la pratique, calculer la pose et approprier le développement au sujet, de manière à éviter les duretés. Avec une sensibilité moindre, ce défaut s'évite facilement. Il y a toujours avantage à prolonger la pose, car on peut modérer le développement, mais on ne peut faire venir ce qu'il n'y a pas.

D'après ce qui précède, on comprend aisément que, pour établir des termes de comparaison entre différents procédés, les expériences doivent être comparativement faites à une faible lumière; autrement, on pourrait commettre des erreurs. Partant de ce principe, nous avons expérimenté trois procédés :

1° Le collodion humide;

2° L'émulsion par le collodion ;

3° L'émulsion par la gélatine.

Voici quels ont été les résultats.

L'émulsion par la gélatine est de deux à trois fois plus sensible que le collodion humide, et ce dernier, lui-même, est une fois à une fois et demie plus sensible que l'émulsion par le collodion.

Nous voulons faire une remarque qui, nous l'espérons, ne sera pas sans utilité. Nous venons de dire que l'émulsion par le collodion était moitié moins sensible que le collodion humide. Cette différence se fait sentir avec des poses relativement courtes, c'est-à-dire variant de une à dix minutes. Si, par suite du sujet à reproduire, la pose se prolonge un temps beaucoup plus long, c'est-à-dire de vingt minutes à une heure ou plus, c'est l'inverse que l'on observe : l'émulsion devient plus sensible, en ce sens que les détails se fouillent en s'accentuant. Il faut attribuer ce phénomène à la nature des sels employés.

Dans le collodion humide la couche sensible est formée, pour la plus grande partie, d'iodure d'argent, tandis que dans les émulsions il n'y a que du bromure d'argent. L'iodure d'argent s'impressionne immédiatement et l'action lumineuse diminue progressivement en un temps assez court. Plus le collodion est sensible, plus l'effet se produit. Le bromure d'argent, au contraire, s'impressionne lentement, mais l'action de la lumière se continue tout le temps de la pose. L'observation de ces faits est très utile à connaître, surtout quand il s'agit de reproduction de tableaux.

Nous venons de constater une différence dans la sensibilité de l'iodure et du bromure d'argent. Il y a un autre point à examiner; il a d'autant plus d'importance, que les effets qui le caractérisent, si la cause n'en était détruite, compromettraient souvent la réussite des clichés : nous voulons parler de la facilité avec laquelle le bromure d'argent est traversé par les rayons lumineux. L'iodure d'argent les arrête ou plutôt ne les laisse passer que faiblement. Il est essentiel pour la pureté de l'image, dans les procédés basés sur l'emploi du bromure d'argent, que la lumière n'agisse que sur la partie extérieure de la couche sensible. Pour arriver à ce résultat, le meilleur moyen à employer est de recouvrir le dos des glaces avec une couleur qui absorbe les rayons au lieu de les réfléchir. Plusieurs substances ont été proposées qui réussissent également bien. Nous employons avec succès la terre de Sienne préparée pour l'aquarelle, que nous délayons dans l'eau. Nous y ajoutons un peu de dextrine pour assurer l'adhérence et quelques centimètres cubes d'alcool pour hâter la dessiccation. Nous formons ainsi une couleur épaisse qui, à l'aide d'un pinceau plat, s'étend très facilement.

Nous ne saurions trop insister sur la nécessité de cette opération. C'est le seul moyen d'éviter les auréoles qui se forment autour des parties vivement éclairées et viennent envahir, au point de les faire disparaître, les détails environnants.

Revenant au temps de pose des plaques à la gélatine, nous dirons que, dans des conditions ordinaires d'éclairage et avec un diaphragme moyen, la pose peut varier entre cinq secondes et cinq minutes. La marge est large, mais on conçoit que la mesure dépend entièrement de la nature du sujet.

6° Révélateurs.

Depuis les premiers essais d'émulsion par la gélatine, nous avons vu paraître de nombreuses formules de révélateurs. Quelques-unes ont été abandonnées; d'autres, au contraire, sont entrées dans la pratique.

Les développements les plus rapides sont obtenus à l'aide de l'ammoniaque, de la potasse ou de la soude caustique mélangés à une certaine quantité d'acide pyrogallique. Les révélateurs aux carbonates d'ammoniaque, de soude ou de potasse purs, font apparaître l'image beaucoup plus lentement, sans pour cela donner des résultats supérieurs. Enfin les révélateurs aux sels de fer paraissent occuper la moyenne de rapidité et exigent un peu plus de pose que les précédents.

Nous décrirons rapidement ces divers modes de développement.

1° *Révélateurs aux sels ferreux.*

Eau	100^{cc}
Oxalate neutre de potasse ($C^2O^4K^2HO$)	30^{gr}
Oxalate de fer ($C^2O^4Fe^2HO$)	7^{gr},50
Bromure de potassium (KBr)	0^{gr},10

Ce révélateur a une assez grande énergie. Il a l'avantage de servir pendant quelques jours, mais non pas, ainsi qu'on l'a affirmé, sans perdre de ses qualités. Par l'usage il s'appauvrit et il acquiert, par le temps, une tendance à se peroxyder. Dans cet état, le développement se fait plus lentement, ce qui nécessite une pose plus longue pour obtenir des détails; il faut pour opérer avec sécurité le renouveler souvent; il serait même préférable de le préparer chaque jour. La coloration qu'il donne au cliché est agréable et favorable au tirage. Néanmoins nous lui préférons, comme étant supérieur, un révélateur dont nous avons publié la formule dans le *Bulletin de la Société française de Photographie;* il est basé sur l'emploi du lactate de fer :

Eau....................................	100^{cc}
Oxalate neutre de potasse ($C^2O^4K^2HO$).........	20^{gr}
Lactate de protoxyde de fer [$(C^3H^5O^3)^2Fe^3HO$].	10^{gr}
Bromure de potassium (KBr).................	$0^{gr},10$

Ce bain se conserve bien pendant quelques jours, les clichés qu'il fournit ont beaucoup d'harmonie et se prêtent facilement aux tirages. La coloration est légèrement bleue.

Pour préparer l'un ou l'autre de ces bains de fer on procède de la manière suivante :

Il faut commencer par dissoudre à chaud l'oxalate de potasse; puis, quand la solution sera amenée par le refroidissement à la température d'environ 30°, on ajoutera par petites pincées l'oxalate de fer, en ayant soin de remuer pour faciliter la dissolution. Le liquide tout à fait froid sera additionné du bromure de potassium.

Pour le révélateur au lactate de fer nous préférons faire dissoudre ce sel complètement à froid; nous avons remarqué que, bien que l'opération soit un peu plus longue, le bain se conserve mieux et plus longtemps.

Si l'on désirait préparer l'oxalate de fer, voici comment il faudrait procéder.

Dans une solution saturée de protosulfate de fer, on ajoutera peu à peu une solution également saturée d'acide oxalique. L'oxalate de fer se précipite sous la forme d'une poudre jaunâtre. Il est nécessaire de laver ce précipité en l'agitant avec une certaine quantité d'eau qu'on renouvellera par décantation. Ce sel séché sera conservé pour l'usage.

L'oxalate neutre de potasse que l'on trouve dans le commerce est ordinairement bien préparé; la seule précaution à prendre est de s'assurer s'il n'est pas acide, parce que cette acidité pourrait retarder le développement.

Le lactate de fer se prépare en faisant digérer de la limaille de fer dans l'acide lactique. On peut encore décomposer le lactate de baryte par le protosulfate de fer. Après avoir filtré, on verse de l'alcool dans la liqueur, et le lactate de fer cristallise.

Ces bains s'altérant en peu de jours, on a conseillé, pour éviter partiellement cette altération, d'ajouter un petit excès d'oxalate ferreux; on a conseillé aussi de conserver quelques fils de fer dans le bain. Nous ne pensons pas que ces moyens aient atteint le but proposé. Nous croyons qu'il vaut mieux renouveler les bains dès qu'on peut constater un changement dans leur action.

2° *Révélateur à l'ammoniaque.*

N° 1.

Eau	500^{cc}
Ammoniaque concentrée..........................	7^{cc}
Bromure de potassium (K Br).......................	3^{gr}

N° 2.

Alcool	100cc
Acide pyrogallique	10gr

Nous appelons l'attention sur le choix de l'acide pyrogallique. On doit le rejeter s'il n'est pas sublimé en aiguilles blanches et très déliées. Sa dissolution alcoolique se conserve très longtemps, surtout si on a le soin de la tenir dans l'obscurité.

Le révélateur à l'ammoniaque est certainement celui qui agit avec le plus de rapidité; il permet, par conséquent, des poses plus courtes. Les détails sont très fouillés; la coloration est bonne, à moins toutefois que certaines circonstances, signalées dans un des Chapitres suivants, ne viennent, par leur intervention, modifier la nuance que l'on doit obtenir normalement.

3° *Révélateur au carbonate d'ammoniaque.*

N° 1.

Eau	100cc
Sesquicarbonate d'ammoniaque	2gr
Ammoniaque concentrée	1cc
Bromure de potassium	0gr,5

N° 2.

Alcool	100cc
Acide pyrogallique	10gr

Ce révélateur peut être employé avec avantage par les amateurs qui trouveraient trop de rapidité avec l'emploi de l'ammoniaque seule. Il laisse plus de latitude et donne des clichés d'une grande limpidité.

4° Révélateurs au carbonate de soude, au carbonate de potasse.

Nous ne mentionnons ces deux révélateurs que pour achever de passer en revue les différents développements alcalins. Les résultats qu'ils fournissent laissent souvent à désirer. Si l'on se sert de produits chimiquement purs, ils agissent faiblement. Il faut, pour que l'action s'opère, qu'ils soient additionnés de quelques gouttes d'une solution de potasse ou de soude caustiques. Mais alors cette action est souvent trop énergique et les clichés ont une grande tendance à la dureté. Néanmoins, voici les formules qui nous ont paru donner les meilleurs effets :

N° 1.

Eau	100^{cc}
Carbonate de soude ou de potasse pur	5^{gr}
Solution saturée de soude ou de potasse caustiques.	2^{gouttes}
Bromure de potassium	de 0^{gr},20 à 0^{gr},40

N° 2.

Alcool	100^{cc}
Acide pyrogallique	10^{gr}

En substituant dans la première formule les sous-carbonates aux carbonates, on supprimera l'addition de l'alcali caustique ; mais alors, et comme nous le disions plus haut, le révélateur agira faiblement, donnera le plus souvent des clichés gris et ayant une grande tendance aux voiles. Ainsi, pour nous résumer, nous pensons que ces révélateurs ne doivent être employés que dans des circonstances particulières.

7° Développement.

Pour procéder au développement des glaces impressionnées, nous commençons par les immerger pendant quelques minutes dans une cuvette contenant de l'eau ordinaire. Cette opération préliminaire, à laquelle on n'a généralement pas attaché une importance suffisante, a néanmoins une grande influence sur le développement et sur la qualité du cliché. En effet, si on la supprime, on s'expose à avoir de la dureté ; cela se conçoit aisément. La gélatine bromurée qui recouvre les glaces a besoin d'un certain séjour dans l'eau pour se gonfler et acquérir de la porosité. Si ce gonflement ne s'est pas produit, il arrive toujours que l'image se développe à la surface, et le révélateur, n'agissant pas immédiatement dans toute l'épaisseur de la couche, vient accentuer son action au détriment de l'harmonie. Si pour éviter la dureté on arrête trop tôt le développement, on est tout étonné de voir qu'après fixage le cliché a perdu de son intensité.

Si le séjour préliminaire dans l'eau était trop prolongé, l'effet contraire se produirait. L'eau absorbée en trop grande quantité par la gélatine viendrait diluer le révélateur au point de lui enlever toute son énergie. Les clichés ainsi développés seront gris et nécessiteront un renforcement ultérieur.

Donc, séjour dans l'eau, proportionné en quelque sorte à l'effet que l'on veut obtenir. En moyenne, cinq à six minutes suffisent.

Avec les révélateurs aux sels de fer, le développement se fait sans autre précaution que de plonger le cliché dans une cuvette contenant le bain. L'image vient assez vite. Nous conseillons de ne pas abandonner le cliché, mais plutôt d'agiter constamment, afin que le contact de l'air puisse apporter sa part d'action.

Le révélateur peut servir plusieurs fois; cependant, comme il est évident qu'il a subi une modification, qui pour n'être pas apparente n'en est pas moins réelle, nous préférons le rejeter afin de nous trouver toujours dans les mêmes conditions.

Les révélateurs à l'acide pyrogallique doivent être préparés au moment de s'en servir, au moins pour ce qui concerne cet acide, la solution aqueuse ne conservant que peu de temps toutes ses qualités.

Avec les formules que nous avons indiquées, rien n'est plus facile. Comme la solution alcoolique d'acide pyrogallique est très peu altérable, il suffit de prendre 10^{cc} (formule n° 2) de cette solution (ce qui représente 1^{gr} d'acide pyrogallique) et de les additionner de 100^{cc} d'eau distillée pour avoir une solution aqueuse à 1 pour 100.

Tout étant disposé, on immergera, comme nous le disons plus haut, la glace dans l'eau pour l'y laisser de cinq à six minutes. Pendant ce temps, on versera dans une cuvette 30 à 40 centimètres cubes de la solution alcaline (n° 1) qu'on aura choisie; puis, immédiatement avant de commencer le développement, on y ajoutera le même volume de la solution aqueuse d'acide pyrogallique. On plongera la glace dans ce mélange. On fera courir le liquide sur la couche impressionnée et en peu d'instants l'image commencera à apparaître. Si les parties fortement éclairées s'accentuaient trop alors que les détails seraient à peine visibles, ce serait une indication de manque de pose. Dans ce cas, il faut ajouter au révélateur quelques gouttes de la solution suivante :

Eau....................................	100^{cc}
Ammoniaque concentrée..........................	2^{cc}

Il est nécessaire, dans ce cas, de renouveler entièrement le bain dès qu'il se colorera.

Si l'image apparaissait trop vite et d'une manière uniforme, ce qui est l'indice d'un excès de pose, il faudrait immédiatement rejeter le révélateur et le remplacer par les proportions suivantes :

N° 1 du révélateur à l'ammoniaque (p. 43)...........			20^{cc}
Eau....................................			100^{cc}
Solution	Carbonate d'ammoniaque	5^{gr}	20^{cc}
	Bromure de potassium	0^{gr},10	
	Eau.........................	100^{cc}	
Solution aqueuse d'acide pyrogallique à 1 pour 100...			30^{cc}

On a conseillé, pour les développements, de laisser séjourner la glace quelques instants dans la solution pyrogallique avant d'ajouter l'ammoniaque. Nous ne pouvons apprécier les raisons qui portent à opérer ainsi. Nos expériences ne nous ont donné aucune différence entre cette manière de faire et l'usage des solutions mélangées.

Nous pensons retrouver dans ce fait une question d'habitude, car l'acide pyrogallique n'agit sur le bromure d'argent que lorsque sa décomposition est provoquée par l'addition d'un alcali. Nous trouvons la raison d'opérer ainsi avec des glaces qui ne sont pas préparées par les émulsions, mais dont les bromures ont été transformés par immersion dans un bain d'argent. Dans ce cas, et malgré les lavages les plus soignés, il peut rester des traces d'azotate d'argent. On comprend alors que l'acide pyrogallique puisse préparer le développement.

Dans l'émulsion par la gélatine, il ne peut y avoir de traces d'argent, puisque nous avons prouvé que, s'il y en avait, la combinaison qui se produirait les aurait complètement détruites.

Dans les émulsions, soit qu'on commence le développement par l'acide pyrogallique ou par l'ammoniaque, soit qu'il se fasse par le mélange des deux solutions, il n'y a pas de différence appréciable dans les résultats.

La pose et le développement des papiers émulsionnés se font exactement de la même manière et avec les mêmes formules que les clichés sur glaces. Il faut seulement tenir compte de l'opacité du papier et, à cet effet, modérer l'intensité du développement. Dans les sujets de paysage ou dans les reproductions qui ne demandent pas des positives d'une finesse extrême, on peut se servir du cliché sur papier sans lui faire subir aucune modification. Le grain est à peine visible, et, loin d'être un défaut, il est souvent avantageux pour augmenter l'harmonie du sujet. Dans le cas où l'on voudrait avoir plus de transparence et diminuer le grain, il suffirait de cirer le cliché, ou de le laisser séjourner quelque temps dans un mélange d'alcool et d'huile de ricin ou dans du vernis au copal. Toutes ces substances ont l'inconvénient de jaunir plus ou moins avec le temps; aussi préférons-nous nous servir du cliché sans aucune préparation. Le tirage est un peu plus long, mais les positives ne perdent rien de leur valeur.

8° Fixage.

Le fixage se fait dans les conditions ordinaires, avec un bain composé de :

Eau.............................	1000^{cc}
Hyposulfite de soude....	200^{gr}

Toutefois, nous devons indiquer quelques précautions à prendre pour éviter des détériorations ultérieures des clichés. Le développement terminé, nous lavons avec soin; puis nous laissons le cliché séjourner quelque temps dans l'eau, renouvelée deux ou trois fois et à l'abri de la lumière. On reconnaitra la nécessité de cette précaution en voyant la coloration que prend cette eau de lavage, coloration que l'hyposulfite ne détruit pas entièrement. Après lavage, on plonge dans l'hyposulfite. Nous recommandons de ne pas abandonner le cliché afin de le retirer aussitôt que le fixage est terminé. Il se forme quelquefois à sa surface de petites bulles qui laissent des petits points non fixés; en promenant un pinceau doux, on les fait disparaître facilement.

Au sortir de l'hyposulfite, les clichés seront soigneusement lavés, puis plongés dans une solution de :

Eau..................	500^{cc}
Alun...	20^{gr}

où ils peuvent rester un temps indéterminé. Ce bain a un triple avantage : 1° il détruit les dernières traces d'hyposulfite qui auraient échappé au lavage; 2° il atténue sensiblement la coloration verte qu'ont les clichés faits avec certaines sortes de gélatine; 3° enfin il donne une grande dureté à la gélatine, qualité précieuse pour les tirages.

Un dernier lavage termine les opérations; il ne reste plus qu'à laisser sécher à l'ombre et à l'abri de la poussière.

8° Transport des clichés.

Nous ne dirons que peu de mots sur le décollement des clichés à la gélatine. Cette question, que nous avons traitée depuis longtemps, est toujours à peu près la même. Elle se résume en ceci : isoler le cliché de son support, soit par une couche sous-jacente, soit par un enduit, soit enfin par des frictions à la cire ou au talc.

Pour les émulsions par le collodion, le polissage au talc remplit parfaitement les conditions; pour les émulsions par la gélatine, il est nécessaire, après ce polissage, de collodionner les glaces :

Alcool	50^{cc}
Éther	50^{cc}
Coton	2^{gr} à 3^{gr}

Passer les glaces, au fur et à mesure de leur préparation, dans une cuvette d'eau, jusqu'à complète disparition de traces graisseuses, puis les laisser sécher et les conserver pour l'usage. Nous conseillons de vernir les bords des glaces, avant de collodionner, avec du caoutchouc dissous dans la benzine. Les glaces sont recouvertes d'émulsion à la manière ordinaire, en se servant d'un pinceau pour en faciliter l'extension sans rayer la couche de collodion. Il n'y a aucune précaution à prendre pour la suite des opérations. Le cliché, terminé et séché, sera de nouveau recouvert de collodion additionné d'un peu de glycérine. Si cette couche de collodion était insuffisante pour obtenir l'épaisseur désirée, on pourrait la recouvrir d'une autre couche de gélatine :

Eau	100^{cc}
Gélatine	20^{gr}
Glycérine	2^{cc}

Mais il faut toujours terminer par une couche de collodion.

Le tout étant parfaitement sec, on coupera les bords du cliché, qui se détachera sans difficulté.

CHAPITRE IV.

DES INSUCCÈS.

1° Colorations anomales et voiles.

Parmi les insuccès les plus fréquents dans le procédé d'émulsion par la gélatine, nous devons placer en première ligne les teintes ou voiles rouges qui se manifestent après le fixage du cliché. Définir les causes, c'est indiquer le remède à apporter. Les voiles rouges peuvent provenir : 1° d'un excès d'argent dans la sensibilisation de l'émulsion; 2° d'une combinaison entière ou partielle de la matière organique avec le sel d'argent ; 3° de l'emploi d'acide pyrogallique de mauvaise qualité ou trop anciennement préparé ; 4° enfin d'un séjour trop prolongé dans le révélateur.

Nous avons prouvé que l'excès d'argent était nuisible, et nous avons démontré que dans la pratique tout le monde est d'accord sur ce point. Il faut donc se rapprocher le plus possible des équivalents théoriques et conserver dans la formation du bromure d'argent un léger excès de bromure. Il est presque impossible de faire disparaître les teintes rouges quand elles sont produites par un excès d'argent.

Nous disons, en second lieu, qu'il peut y avoir une combinaison partielle de la matière organique avec le sel d'argent. Cela peut se produire dans deux cas différents. 1° Si, au lieu de verser la dissolution d'azotate d'argent dans la gélatine bromurée, on procède d'une manière inverse, la gélatine, surtout si elle est versée par parties, se trouvera, dans cette période de la préparation, en contact avec une quantité relativement considérable de sel d'argent qui se combinera avec elle, ce qu'on doit avant tout éviter. 2° Cette combinaison argentique peut se produire encore avec certaines sortes de gélatine qui ont plus d'affinité pour le sel d'argent que le bromure lui-même. Dans ce cas, la formation du bromure a lieu après la combinaison organico-argentique. Cet accident est heureusement fort rare.

Les teintes rouges se manifestent encore par l'usage d'acide pyrogallique de mauvaise qualité. Ce fait est facile à constater. Nous avons indiqué les caractères apparents que l'on doit rechercher. Si le mélange de l'acide pyrogallique et de l'ammoniaque ne se colore que lentement pendant le développement du cliché, on peut considérer le produit comme de bonne qualité. Si, au contraire, la coloration a lieu immédiatement, l'acide pyrogallique est mauvais et doit être rejeté. On n'obtiendra jamais rien de bon avec ce révélateur.

Enfin le séjour trop prolongé dans le révélateur peut produire les mêmes effets, quand même on aurait le soin de le changer si la coloration s'accentuait.

Ce qu'il y a de remarquable dans l'effet produit, c'est que les teintes ne sont pas toujours rouges; elles affectent des nuances différentes, tantôt brunes, tantôt vertes, ou même bleues par réflexion et jaunes par transparence. Il y a là évidemment une combinaison qui s'établit entre la gélatine et l'acide pyrogallique. C'est en quelque sorte une teinture.

En appelant l'attention sur les teintes rouges, nous devons signaler qu'elles peuvent être produites, comme dans tous les procédés secs, par un excès de pose. Elles sont alors souvent accompagnées de voiles.

2° Dilatation des couches impressionnées.

La dilatation de la gélatine est un insuccès assez fréquent. Plusieurs causes aussi peuvent la déterminer : 1° emploi de gélatines molles, trop tendres et absorbant facilement une grande quantité d'eau ; 2° s'il y a, dans l'émulsion, une forte proportion de gélatine ou que la couche sensible soit beaucoup trop épaisse.

La dilatation dont nous parlons est presque toujours accompagnée d'ampoules et de soulèvements partiels. Cela provient d'une adhérence plus forte de certaines parties de la couche.

Pour remédier à ce défaut, nous indiquons un moyen qui réussit bien, surtout quand le défaut n'est pas exagéré. Avant de procéder au développement, il suffit de laisser séjourner la glace dans de l'alcool, puis, après quelques instants, de laisser la couche se gonfler dans de l'eau alcoolisée. Le développement terminé, faire un court lavage et baigner le cliché dans de l'alun à 5 pour 100 ; laver, puis fixer. Ainsi que nous le disons, ce moyen permet de tirer parti de glaces qui sans cela seraient perdues.

Les soulèvements peuvent aussi se produire avec des révélateurs trop alcalins ou, au moment du fixage, par de l'hyposulfite trop concentré. Il va sans dire qu'il faut, tout en se servant des moyens indiqués ci-dessus, diminuer l'alcalinité du révélateur et la concentration de l'hyposulfite.

On rencontre fréquemment des sortes de gélatine avec lesquelles il est très difficile d'obtenir des couches régulières. Ces couches sont souvent remplies de petits cercles, desquels l'émulsion se retire plus ou moins. Ce défaut très grave peut provenir quelquefois d'une trop grande différence de température entre l'émulsion et la glace qu'elle doit recouvrir. Si la glace est trop chaude, l'émulsion se liquéfie inégalement et se retire par places en formant des bulles qui ne disparaissent jamais complètement. La même chose arrive si l'émulsion est trop chaude. Il est absolument nécessaire que la solution soit à peu près à la même température que la glace, sans dépasser 30°. Mais nous ne croyons pas que ce soit là la cause principale. Nous croyons plutôt à la présence de matières grasses dans la gélatine. Nous avons été à même de constater le fait. Il est difficile de désigner ces gélatines, car telle fabrication, qui aujourd'hui a ce défaut, sera demain irréprochable. Nous dirons seulement que le plus simple est de faire des essais préalables et de rejeter les gélatines grasses. On a bien indiqué plusieurs moyens de purification, entre autres, l'emploi de l'albumine; mais, outre que cette opération est longue, nous ne croyons pas qu'elle atteigne le but.

Quand les matières grasses ne sont pas en trop grandes proportions, on peut les faire disparaître en maintenant l'émulsion, pendant une heure ou deux, à une aussi haute température que possible; puis on la laissera refroidir. Quand l'émulsion sera prise, on en coupera sur le dessus environ cinq millimètres d'épaisseur que l'on mettra aux résidus, puis on se servira du reste. Une grande partie des matières grasses auront été ainsi enlevées.

Bien d'autres insuccès peuvent se présenter, mais nous les attribuons, pour la plupart, au manque de pratique que l'on a encore du procédé à l'émulsion par la gélatine. Avec l'habitude et le soin nécessaire à tout procédé photographique, on parviendra à s'en rendre maître, et les insuccès deviendront de plus en plus faciles à éviter.

3° Clichés trop développés.

Quelques mots, en terminant, sur le moyen de ramener à leur valeur des clichés qui auraient été trop développés. Il est important tout d'abord que ces clichés soient complets, c'est-à-dire que la pose ait été suffisante et que les détails soient entièrement venus.

On peut adoucir les clichés, soit après le fixage, soit après en avoir tiré une positive qui en fera connaître la valeur. Dans ce dernier cas, il est indispensable de laisser le cliché quelque temps dans l'eau pour rendre à la gélatine sa perméabilité.

Deux procédés peuvent être employés. Le premier consiste dans l'emploi d'un bain de

Eau	100^{cc}
Perchlorure de fer	$0^{gr},50$ à 2^{gr}

Le cliché est immergé dans cette solution et surveillé avec attention, pour le laver quand on aura jugé son action suffisante.

Bien que ce procédé donne de bons résultats, nous lui préférons le suivant :

Eau..................................	100^{cc}
Cyanure de potassium..................	$0^{gr},20$ à $0^{gr},30$

Avec ces proportions le cliché baisse légèrement, sans que les demi-teintes faibles subissent d'altération.

Nous recommandons des lavages soignés après l'usage de ces solutions.

FIN.

5541 Paris. — Imprimerie de GAUTHIER-VILLARS, quai des Augustins, 55.

DAVANNE, Vice-Président de la Société française de Photographie. — **La Photographie, ses origines et ses applications.** Conférence faite à la Sorbonne le 20 mars 1879. Grand in-8, avec figures dans le texte. 1879 .... 1 fr. 25 c.

DESPAQUIS. — Photographie au charbon (Gélatine et Bichromates alcalins). In-18 jésus; 1866 .... 1 fr. 50 c.

DUCOS DU HAURON (H. et L.). — Traité pratique de la Photographie des couleurs (Héliochromie). Description des moyens d'exécution récemment découverts. In-8; 1878 .... 3 fr.

DUMAS, Secrétaire perpétuel de l'Académie des Sciences. — **Leçons sur la Philosophie chimique,** professées au Collége de France en 1863, recueillies par M. *Bineau*. 2e édition. In-8; 1878 .... 7 fr.

Les Leçons sur la Philosophie chimique professées, en 1836, au Collége de France par M. Dumas, ont été rédigées à cette époque et publiées par M. Bineau, devenu plus tard professeur à la Faculté des Sciences de Lyon.

M. Dumas avait reconnu la fidélité de la reproduction de ces Leçons improvisées.

La première édition étant épuisée depuis longtemps, nous en faisons paraître une seconde avec la permission de l'auteur. Il n'y avait rien à changer à une rédaction qui devait conserver son caractère historique.

Dans un second volume sous presse, nous avons réuni toutes les Leçons ou Conférences ayant pour objet des questions de Philosophie chimique, recueillies dans les Cours de M. Dumas, par ses élèves, pendant les trente années de son enseignement à l'École Polytechnique, à la Sorbonne, à la Faculté de Médecine ou à l'École centrale des Arts et Manufactures, ainsi que les Notes sur les mêmes sujets qui ont paru dans les *Comptes rendus de l'Académie des Sciences.*

On aura ainsi, sous une forme condensée, l'ensemble des opinions et des vues émises successivement par M. Dumas et devenues pour la plupart familières aux chimistes du temps présent.

DUMOULIN. — Manuel élémentaire de Photographie au collodion humide. In-18 jésus, avec figures dans le texte; 1874 .... 1 fr. 50 c.

DUMOULIN. — Les Couleurs reproduites en Photographie. *Historique, théorie et pratique.* In-18 jésus; 1876 .... 1 fr. 50 c.

FABRE (C.). — Aide-Mémoire de Photographie pour 1879, publié sous les auspices de la Société photographique de Toulouse. 4e année, contenant de nombreux renseignements sur les procédés rapides à employer pour portraits dans l'atelier, les émulsions au coton-poudre, à la gélatine, etc. In-18, avec nombreuses figures dans le texte.

Prix : Broché .... 1 fr. 75 c.
Cartonné .... 2 fr. 25 c.

Les volumes des années précédentes de l'*Aide-Mémoire* se vendent aux mêmes prix.

FORTIER (G.). — La Photolithographie, son origine, ses procédés, ses applications. Petit in-8, orné de planches, fleurons, culs-de-lampe, obtenus au moyen de la Photolithographie; 1876 .... 3 fr. 50 c.

FOUQUE (Victor), Membre de plusieurs Académies. — **La vérité sur l'invention de la Photographie: Nicéphore Niepce,** sa vie, ses essais, ses travaux, d'après sa correspondance et autres documents inédits. In-8, avec planches photolithographiques; 1867 .... 6 fr.

GODARD (Émile), Photographe. — **Encyclopédie des virages**, ou réunion, expérimentation et description des meilleurs procédés; contenant tous les renseignements nécessaires pour obtenir photographiquement des épreuves positives sur papier avec une grande variété et une grande richesse de tons. 2e édition, revue et augmentée, contenant la *préparation des sels d'or et d'argent*. In-8; 1871 .... 2 fr.

HANNOT (le Capitaine), Chef du service de la Photographie à l'Institut cartographique militaire de Belgique. — **Exposé complet du procédé photographique à l'émulsion de M. Varnecke**, Lauréat du Concours international pour le meilleur procédé au collodion sec rapide, institué par l'Association belge de Photographie en 1876. In-18 jésus; 1879. 1 fr. 50 c.

HANNOT (le Capitaine), Chef du service de la Photographie au Dépôt de la Guerre de Belgique. — **Les Éléments de la Photographie**: I. *Aperçu historique et exposition des opérations de la Photographie.* — II. *Propriétés des sels d'argent.* — III. *Optique photographique.* In-8; 1874. 1 fr. 50 c.

HUBERSON. — **Formulaire de la Photographie aux sels d'argent.** In-18 jésus; 1878 .... 1 fr. 50 c.

JAMIN (J.), Membre de l'Institut, Professeur à l'École Polytechnique et à la Faculté des Sciences de Paris. — **Petit Traité de Physique**, à l'usage des Établissements d'instruction, des Aspirants aux Baccalauréats et des Candidats aux Écoles du Gouvernement. In-8, avec 686 figures dans le texte et un spectre en couleur; 1870 .... 8 fr.

LA BLANCHÈRE (H. de). — **Monographie du stéréoscope et des épreuves stéréoscopiques.** Seul Ouvrage complet résumant tout ce qui a été écrit sur la stéréoscopie. In-8, avec figures .... 5 fr.

LALLEMAND. — **Nouveaux procédés d'impression autographique et de photolithographie.** In-12 .... 1 fr.

MONCKHOVEN (Van). — **Nouveau procédé de Photographie sur plaques de fer**, et Notice sur les vernis photographiques et le collodion sec. In-8 .... 3 fr.

MOOCK, Opérateur. — **Traité pratique complet d'impressions photographiques aux encres grasses et de phototypographie et photogravure.** 2e édition, beaucoup augmentée. In-18 jésus; 1877 ...... 3 fr.

MOTTEROZ. — **Reproduction héliographique de l'Essai sur les gravures chimiques en relief.** Petit in-8 tiré à 100 exemplaires numérotés; 1879 .... 20 fr.

ODAGIR (H.). — **Le Procédé au gélatino-bromure**, suivi d'une Note de M. Milsom sur les clichés portatifs et de la traduction des *Notices* de R. Kennett et Rev. H.-G. Palmer. In-18 jésus, avec fig.; 1877. 1 fr. 50 c.

PÉLEGRY, Peintre amateur, Membre de la Société photographique de Toulouse. — **La Photographie des peintres, des voyageurs et des touristes.** *Nouveau procédé sur papier huilé*, simplifiant le bagage et facilitant toutes les opérations, avec indication de la manière de construire soi-même la plupart des instruments nécessaires. In-18 jésus, avec deux spécimens; 1879 .... 1 fr. 75 c.

PERROT DE CHAUMEUX (L.). — Premières Leçons de Photographie. Troisième édition, revue et augmentée. In-18 jésus, avec figures dans le texte; 1878.. 1 fr. 50 c.

PHIPSON (le Dr). — Le Préparateur Photographe, ou Traité de Chimie à l'usage des photographes et des fabricants de produits photographiques. In-12, avec figures.. 3 fr.

RADAU (R.). — La Photographie et ses applications scientifiques. In-18 jésus; 1878.. 1 fr. 75 c.

RODRIGUES (J.), Chef de la Section photographique du Gouvernement portugais. — **Procédés photographiques et Méthodes diverses d'impression aux encres grasses,** employés à la Section photographique et artistique. Grand in-8; 1879..

RUSSELL (C.).— Le Procédé au Tannin, traduit de l'anglais par M. Aimé Girard. 2e édition entièrement refondue. In-18 jésus, avec figures; 1864.. 2 fr. 50 c.

TRUTAT (E.) — La Photographie appliquée à l'Archéologie; Reproduction des *Monuments, Œuvres d'Art, Mobilier, Inscriptions, Manuscrits.* In-18 jésus, avec cinq photoglypties; 1879............ 3 fr.

SALVÉTAT (A.), Professeur à l'École Centrale des Arts et Manufactures, Chef des Travaux chimiques à la Manufacture de Sèvres. — **Leçons de Céramique,** professées à l'Ecole Centrale des Arts et Manufactures, ou **Technologie céramique,** comprenant les **Notions de Chimie, de Technologie et de Pyrotechnie applicables à la fabrication, à la synthèse, à l'analyse, à la décoration des poteries.** 2 vol. in-18, avec 479 figures dans le texte; 1857........................ 12 fr.

SALVÉTAT (A.), Professeur à l'École Centrale des Arts et Manufactures, Chef des travaux chimiques à la Manufacture nationale de Sèvres. — **Album du Cours de Technologie chimique** professé à l'École Centrale. Portefeuille in-4 cartonné, contenant 70 planches doubles; 1874....... 25 fr.

Ire Partie, 24 planches : *Céramique.* — IIe Partie, 26 planches : *Couleurs, Blanchiment, Teinture* et *Impressions.* — IIIe Partie, 20 planches : *Métallurgie* (Métaux autres que le fer).

VALÉRIUS (B.), Docteur ès sciences. — **Traité théorique et pratique de la fabrication du fer et de l'acier,** accompagné d'un *Exposé des améliorations dont elle est susceptible,* principalement en Belgique. — 2e édition originale française, publiée d'après le manuscrit de l'Auteur, et augmentée de plusieurs articles par H. Valérius, Professeur à l'Université de Gand. Un volume grand in-8 de 880 pages, texte compacte, avec un Atlas in-folio de 45 planches (dont deux doubles); 1875.................. 75 fr.

VIDAL (Léon). — Traité pratique de Photographie au charbon, complété par la description de divers *Procédés d'impressions inaltérables* (*Photochromie et tirages photomécaniques*). 3e édition. In-18 jésus, avec une planche spécimen de Photochromie et 2 planches spécimens d'impression à l'encre grasse; 1877........................ 4 fr. 50 c.

VIDAL. — Traité pratique de Phototypie, ou *Impression à l'encre grasse sur couche de gélatine.* In-18 jésus, avec belles figures sur bois dans le texte et spécimens; 1879.. 8 fr.

4732 Paris. — Imprimerie de GAUTHIER-VILLARS, quai des Augustins, 55.

5541 Paris. — Imprimerie de GAUTHIER-VILLARS, quai des Augustins, 55.

www.ingramcontent.com/pod-product-compliance
Ingram Content Group UK Ltd.
Pitfield, Milton Keynes, MK11 3LW, UK
UKHW020950180726
13838UKWH00003B/1228

9 782329 354767